하크라테스와 떠나는 철학 여행!

상위 1% 철학 글쓰기 가이드북

하크라테스와 떠나는 철학 여행!

상위 1% 철학 글쓰기 가이드북

매주 1번 철학 글쓰기

하양욱 지음

Contents

Chapter 1 하크라테스의 웰컴 인사
- 철학 여행 가이드 소개와 여행 티켓에 이름쓰기

Chapter 2 '나'를 찾아 떠나는 철학 여행을 왜 가야 할까?
- 철학여행을 꼭 가야만 하는 이유 3가지

Chapter 3 철학 글쓰기는 어떻게 하는 걸까?
- '나'를 찾는 철학 글쓰기의 특별한 방법 3가지

Chapter 4 철학여행 코스
- 과거로의 여행 10곳
- 현재로의 여행 10곳
- 미래로의 여행 10곳

Chapter 5 철학 여행 기행문
- 철학 여행을 마친 후 여정에 대한 감상문과 나만의 책 표지 만들기

Chapter 1 웰컴 인사

01 철학 여행을 시작하기 전에

#01. 가이드 소개

안녕하세요? 진정한 '나'의 모습을 찾아 떠나는 철학 여행에 오신 여러분을 환영합니다!

저는 여러분의 철학 여행을 편안하고 행복하게 이끌어갈 가이드 '하크라테스'입니다. 본명은 하양욱이고요, 닉네임은 '하크라테스'예요. 철학자 소크라테스를 존경해서 붙인 닉네임이지요.

소크라테스는 제자들을 가르칠 때 스승이 일방적으로 설명을 하는 방식이 아니라 제자들에게 질문을 던지면 제자들은 대답하는 문답법의 방식을 활용했어요. 그래서 제자들이 스스로 진리를 깨우치게 했지요. 이렇게 제자들이 질문에 대한 답을 스스로 찾아가는 모습이 마치 산모가 아기를 출산할 때 산파가 옆에서 산모의 출산을 도와주는 모습과 비슷하다고 하여 '소크라테스의 산파술'이라고 부르기도 해요.

매주 1번씩 철학 글쓰기를 하면서 철학 여행을 떠날 준비가 되셨나요? 학생 여러분이 스스로 자신에 대한 생각을 깊이 할 수 있도록 제가 도와드릴게요. 그래서 저의 닉네임을 '하크라테스'라고 붙였으니 편하게 생각하시고 궁금한 점이 있으시면 언제든지 메일(rei0907@naver.com)도 보내시면 돼요~!

#02. 철학 여행 티켓에 자기 이름 쓰기

01 철학 여행을 꼭 가야만 하는 이유 3가지

#01. 자기 객관화를 하는 시간을 가져요

　자기 객관화라는 말을 처음 들어 보나요? 더 쉽게 말하면 '너 자신을 알라'는 말로 대신 할 수 있겠습니다. 앞서 제 닉네임이 '하크라테스'라고 했었죠? '너 자신을 알라'는 유명한 말을 남긴 철학자도 바로 소크라테스랍니다. 이렇게 자기 자신을 바라보고 알아가는 시간은 중요합니다. 이것을 어려운 말로 자기 객관화라고 하는 것입니다. 있는 그대로의 자신과 내가 바라는 자신, 남들이 보는 자신의 차이를 잘 이해하고 객관적으로 바라보는 시간을 가진 사람은 자신도 이해하고, 타인도 이해하면서 삶의 문제를 잘 해결하면서 행복하게 살아갈 수 있겠죠?

#02. 상처를 치유하는 시간이 필요해요

　자기 자신을 알아가는 과정에서 가장 먼저 부딪치는 것은 바로 '상처'입니다. 상처는 우리가 자신을 바로 바라보고 받아들이며 사랑하는 데에 어려움을 겪게 합니다. 상처는 소위 우리의 발목을 잡고 놓아주지 않으면서 우리의 심리에 큰 영향을 미칩니다. 우리의 자존감과 자신감을 훼손시키기도 합니다. 그래서 과거의 상처를 피하거나 덮어두면서 외면하지 말고 아프더라도 직면해서 치유하는 시간을 거쳐야 합니다. 상처를 바라보고 인정하고 받아들이는 과정을 '직면'이라고 하는데 이 과정을 통해서 더 이상 상처를 떠올릴 때에 눈물이 나거나 아프지 않아야 상처가 점점 치유되고 있다고 할 수 있습니다. 힘들어도 상처를 치유하고 상처를 준 사람을 용서하고 상처를 극복하는 시간을 가져야 합니다. 상처의 근본 원인을 탐색하고 그것을 이해하면서 스스로도 성장하고 타인의 마음과 상황도 이해해 보면서 인격적으로 성장하고 성숙할 수 있습니다.

#03. 나를 사랑하는 자존감을 높여요

　자존감은 자아존중감을 말합니다. 자신이 사랑받을 만한 가치가 있는 소중한 존재이고 어떤 성과를 이루어낼 수 있는 유능한 사람이라고 믿는 마음입니다. 자기 객관화를 통해서 자기 자신을 잘 이해하고 과거의 상처를 직면하여 치유한 사람은 자아존중감을 가질 수 있게 됩니다. 얼마 전, 학생들과 프란츠 카프카의 '변신'이라는 소설로 철학 수업을 하면서 주인공 그레고르 잠자가 벌레로 변하더라도 가족이라면 가족 구성원을 그 자체로서 사랑하고 존중해 주어야 마땅하다는 이야기를 나누었습니다. 이처럼 자존감은 부모님과 가족 간의 사랑을 통해 가장 먼저 형성됩니다. 만약 어린 시절에 가족 간의 관계에서 사랑을 충분히 받지 못했다 하더라도 내가 살아가는 삶의 여러 경험들이 자존감에 큰 영향을 줄 수 있습니다. 긍정적인 경험들과 작은 성취들이 모여서 나를 사랑하고 나는 좋은 성과를 낼 수 있는 유능한 사람이며 사회에 꼭 필요한 구성원이라는 정체성을 확립하면서 자아실현을 해 나갈 수 있습니다. 하크라테스와 떠나는 철학 여행 '상위 1% 철학 글쓰기 가이드북'과 함께 매주 1번 철학 글쓰기를 통해 자존감이 높은 사람, 상위 1%의 인재로 책임지고 키워 드리겠습니다.

Chapter 3 철학 글쓰기는 어떻게 하는 걸까?

01 '나'를 찾는 철학 글쓰기의 특별한 방법 3가지

#01. 마인드맵과 개요짜기로 깊은 사유를 해요

　마인드 맵은 생각 그물, 생각 지도라고도 하는데 마음 속에 지도를 그리듯이 주제에 따라 자신의 생각과 경험을 확장하고 정리하는 방법입니다. 글을 쓰려고 하면 머릿 속으로 떠오르는 생각과 단어는 많지만 복잡한 생각을 글로 정리해서 쓰기는 어렵습니다. 그리고 막연하게 생각은 떠오르지만 나만의 창의적이고 기발한 글쓰기 아이디는 잘 떠오르지 않을 때가 있습니다. 그럴 때에는 무작정 글을 써 내려 가는 것보다 마인드 맵으로 자신의 복잡한 생각을 정리하고 새로운 아이디어를 떠올려 보는 것이 좋습니다. 그 후에는 처음, 중간, 끝, 또는 서론, 본론, 결론으로 어떻게 글을 써 내려갈지 글의 뼈대를 세우

는 개요짜기를 합니다. 설계를 잘 해야 집을 튼튼하고 아름답게 건축할 수 있듯이 글도 개요짜기를 통해 계획을 잘 세워서 써야 재미있고 감동이 있으며 짜임새있는 글이 완성됩니다.

#02. 가치개념을 글쓰기 주제로 활용해요

철학 글쓰기는 일반적인 글쓰기와는 조금 다른 면이 있습니다. 가치개념을 주제로 다루어서 사유를 깊이있게 해 보는 시간을 가져 보도록 하는 것입니다. 예를 들어 '용기란? 우정이란? 사랑이란? 선의의 거짓말은 해도 될까? 사소한 것과 특별한 것, 나에게 김치란?' 등 가치개념을 활용하여 더 깊이 생각해 보는 글쓰기입니다. 가치개념과 자신의 경험을 선택하고 연관지어서 마인드 맵을 그려보면서 생각을 더욱 확장하고 깊이 사유하는 시간을 가집니다. 가치개념을 주제로 활용한 철학 글쓰기는 사유의 깊이가 다른 특별한 힘이 있는 글이 될 것을 확신합니다.

#03. 이유 꼭 쓰기, 적절한 어휘 선별로 분명히 말해요

자신의 생각을 문장으로 쓴 다음에 '왜냐하면'을 써서 왜 그런 생각을 했는지 한 번 더 깊이 파고 들어 가보면 좋습니다. 글쓰기를 잘 할 수 있는 가장 쉬운 방법은 '왜냐하면~ 하기 때문이다'라고 이유를 꼭 쓰는 것입니다. 이유를 쓴 다음에도 '왜냐하면'을 한 번 더 붙여서 생각을 또 해보는 것은 바로 근거를 찾는 과정입니다. 근거는 이유에 대한 이유라고 말할 수 있습니다. 이렇게 계속 이유와 근거를 찾으면서 글을 쓰다 보면 글이 처음에 자신의 생각만 쓴 글 보다 훨씬 생각을 깊이 한 풍부한 글이 됩니다. 그리고 가장 적절한 어휘를 고르기 위해 고민하고 수정하고 퇴고를 많이 해야 합니다. 퇴고는 처음에 쓴 글인 초고를 바탕으로 계속 수정과 보완을 하는 글쓰기의 마지막 단계를 말합니다. 이 퇴고의 과정을 여러번 거쳐서 적절한 어휘를 선택하여 글을 쓰다보면 더 분명하게 자신의 생각을 전달할 수 있게 될 것입니다.

Chapter 4 철학 여행 코스

01 과거로의 시간 여행 10곳

#01. 나를 돌아봤을 때, 가장 상처가 되었던 일은?

① 가장 슬펐던 때가 언제야? (몇 살 때인지, 어떤 일인지 한 번 써 봐)

② 그 슬펐던 일이 지금은 괜찮아졌니? (항상 '왜냐하면' 이유도 꼭 한 번 써 봐)

③ 괜찮아졌다면, 그 일을 겪었던 너와 상대방을 안아주면서 한마디 해 줄래?

④ 아니면 머리로는 괜찮아졌다고 하는데, 아직도 그 일을 떠올리면 마음이 좀 아프니?
(자세히 너의 마음을 한 번 더 들여다보자)

❺ 아직도 마음이 조금 아프고 그 일을 떠올렸을 때 눈물이 나올 것 같다면, 아직 다 괜찮아진 게 아닐 수 있어. 나를 위해서 조금만 더 나와 상대방을 용서해 보자. 무엇인가 억울한 게 있다면 마음껏 써 봐.

메모장 - 그림 그리기

"무릎에 있는 흉터를 보고 어릴 때 넘어져서 생긴 상처라고 웃으면서 설명해 줄 수 있는 것처럼, 마음속에 남아 있는 흉터도 이제는 웃으면서 말해 줄 수 있는 내가 되어 보자."

제목 : 내 마음속에 있는 흉터에 대하여

　　　　　　　　　　　　　　년　　　월　　　주 철학하기

#02. 내가 살면서 가장 행복했던 순간은?

1 어떤 순간이 가장 먼저 떠올라?
(이 질문을 받고 가장 먼저 떠오르는 그 순간이 가장 행복했던 순간일 거야!)

2 언제, 누구와 함께한 순간이야?

3 그 행복한 순간에 너는 어떤 생각과 기분이 들었어?
(행복한 순간을 떠올리는 지금 이 순간도 미소가 지어지고 행복함을 느끼고 있구나)

4 어떻게 하면 그런 행복한 순간을 다시 만들 수 있을까?
(내가 행복한 순간을 잘 알고 노력을 해야 행복한 삶을 살 수 있어)

5 그렇다면 네가 가장 행복하게 생각하는 가치가 무엇이라고 생각해?

(시험에서 100점 받는 것? 전교 회장이 되는 것? 갖고 싶었던 물건을 선물로 받는 것? 내가 하고 싶은 꿈을 이루는 것? 돈을 많이 버는 것? 가족이 화목한 것? 건강한 것?)

메모장 - 그림 그리기

"내가 가장 행복했던 순간을 떠올려보면서 힘든 순간들이 파도처럼 밀려올 때마다 그 인생의 파도를 자유롭게 탈 수 있는 사람이 되어 보자! 나를 덮칠 것만 같았던 그 인생의 파도를 넘었을 때의 놀라운 기쁨과 행복을 느껴 보자."

\# 제목 : 인생의 파도를 넘길 수 있는 너의 행복했던 순간에 대하여

년   월   주 철학하기

#03. 하기 싫은 걸 억지로 해 봤어?

1 학교에 왜 가니? (네가 학교에 가는 이유를 단순하게 생각해봐)

2 학교에 꼭 가야 해? (남들이 다 하니까 그냥 따라서 하는거야?)

3 학교를 가는 게 더 너의 행복에 도움이 될까? 안 가는 게 더 너에게 도움이 될까?
(진지하게 한 번 생각해 봐. 어떤 게 도움이 되고 어떤 게 별로 도움이 안 되는지 말이야)

4 만약에 네가 학교에 안 간다면 더 행복할까? 안 간다면 뭘 하고 싶어?
(학교에 안 가는 상상만 해도 좋다. 그치?)

5 우리는 왜 하기 싫은 것도 해야 할까? (하기 싫은 것을 참고 했는데 나중에 좋은 결과나 뿌듯함을 느낀 경험은 없는지 한번 잘 생각해봐)

메모장 - 그림 그리기

"아름다운 나비가 되기 위해서는 끔찍한 번데기의 과정을 거쳐야만 한다는 걸 아니? 번데기의 과정은 내가 마치 죽을 것만 같은 과정이야. 이처럼 내가 하기 싫은 과정도 참아보고, 나에게 잘못되었다고 가르쳐 주는 사람들의 이야기도 듣고 고쳐나가다 보면 더욱 성장하고 발전한 아름다운 나비 같은 내 모습을 볼 수 있지 않을까?."

제목 : 하기 싫은 과정을 겪어내고 나서 아름다운 나비처럼 성장한 나에게

년   월   주 철학하기

#04. 하고 싶은 것을 한 최고의 순간은?

1 하고 싶은 것을 마음껏 해 본 최고의 순간은 언제였니?
(하고 싶은 걸 마음껏 했을 때를 떠올려봐)

2 그때의 기분을 자세히 말해 줄 수 있니?
(생각하는 이 순간에 또 다시 최고의 순간을 느끼게 될거야)

3 혹시 그 순간이 나에게 나쁜 영향을 주는 것은 아니니?
(내가 원하는 것이 누군가에게 피해를 주는 일은 아니었어?)

4 나쁜 영향을 주지 않는 것이라면 그 최고의 순간에 느낀 느낌을 계속 느끼기 위해서는 어떻게 해야 할까? (나의 자유를 마음껏 누리기 위해서는 어떤 노력을 해 나가야 할까?)

5 구체적으로 해야 하는 노력을 3가지 생각해 볼래?

메모장 - 그림 그리기

"새장에 갇힌 새가 아니라 자유롭게 상공을 마음껏 날아다니는 갈매기처럼 너의 꿈을 펼쳐봐. 미국의 소설가 리처드 바크가 쓴 소설, 갈매기의 꿈에 나오는 조나단 리빙스턴처럼 단지 먹이를 구하기 위해 하늘을 나는 갈매기들 말고, 자유롭게 날아다니는 비행 그 자체를 사랑하는 갈매기가 되어 보자. 너의 진정한 자유와 꿈을 이룰 그날을 응원할게. 좌절하지 말고 매주 철학 글쓰기를 꾸준히 해 봐. 가장 높이 나는 새가 가장 멀리 본다고 하니까 말이야."

제목 : 진정한 자유를 꿈꾸는 나에게

　　　　　　　　　　　　　　　　　　년　　　월　　　주 철학하기

#05. 내가 살면서 경험한 첫 실패의 순간은?

1 내가 생각하는 첫 실패의 순간이 언제야?
  (몇 살 때인지, 어떤 일인지 한 번 써 봐)

2 그 실패로 인해 어떤 결과가 뒤따라왔다고 생각해?

3 실패라고 생각하는 그 일로 인해 새롭게 깨닫게 된 사실이 있어? (실패를 통해 하나라도 얻은 것이 있다면 한번 써 봐. 실패를 통해서 하나라도 깨닫게 된 점이 있다면 그건 실패가 아닐 수도 있을 것 같아.)

4 '실패는 성공의 어머니'라는 속담이 있어. 그 속담에 동의해? 아니면 그 속담은 정말 별로인 것 같아?

5️⃣ 내 뜻대로 되지 않았던 일들의 원인이 어디에서 온 것 같아?

(살다 보면 내 뜻대로 되지 않고 일을 그르칠 때가 있어. 누구나 그래. 내 뜻대로 되지 않았던 원인이 어디에서 왔을까? 나에게서 왔을까, 아니면 외부적인 요인이 컸을까?)

메모장 - 그림 그리기

"사람은 성공을 통해 배우는 게 아니라 실패를 통해 배우고 성장한다는 말을 들어본 적 있니? 물론 성공이나 작은 성취들이 주는 자신감도 있지만, 실패를 통한 쓰디쓴 고통을 통해서 나의 부족을 깨닫고 부족함을 채우기 위한 구체적인 해결 방법을 찾게 되지. 그 과정에서 자신이 엄청난 성장과 발전이 있게 되는 거야. 그러니까 실패를 두려워하지 말았으면 좋겠어. 실패는 너의 걸림돌이 아니라 너의 디딤돌이 되어줄 거야. 실패를 딛고 비상하자!"

제목 : 실패를 디딤돌 삼아서 더욱 크게 일어날 나에게

　　　　　　　　　　　　　　　　년　　　월　　　주 철학하기

#06. 내가 포기하고 싶을 때, 할 수 있다는 힘을 준 말이나 기억은?

1 나에게 가장 힘이 되었던 말이나 기억이 언제야?
(몇 살 때인지, 어떤 일인지 한 번 써 봐)

2 포기하고 싶었던 일을 다시 할 수 있게 힘을 줬어?

3 그 말과 기억은 준 사람에게 한마디 해 줄래?

4 너는 누군가에게 이런 말이나 기억을 준 적이 있어?

5 이번에는 내가 나에게 가장 기억에 남을 만큼 따뜻하고 힘이 되는 말을 마음껏 해 주자. 자유롭게 써 봐.

메모장 - 그림 그리기

"내가 힘들 때마다 나를 일으켜 세워준 것들은 우리 가족, 친구, 선생님, 이웃 등 많이 있을 거야. 그런데 정말 힘들고 외로운 순간에는 혼자있게 될 때도 있고, 혼자라고 느껴질 때도 있잖아. 그때에는 누가 나를 일으켜줄 수 있을까? 내가 들었던 따뜻한 말 한마디, 용기를 준 말 한마디, 칭찬받고 인정받았던 그 말 한마디가 나를 붙들고 일으켜 세워주지. 나도 누군가에게 힘이 될 수 있는 따뜻한 말 한마디를 진심으로 해 주자."

제목 : 따뜻한 말 한마디가 나를 일으켜줬던 그 순간에 대하여

년   월   주 철학하기

#07. 가장 긴장되고 떨렸던 순간은?

1 내가 가장 긴장되고 떨렸던 순간은 언제야?
(몇 살 때인지, 어떤 일인지 한 번 써 봐)

2 누가 그런 긴장되고 떨렸던 순간에 너를 혼자 뒀어?

3 그렇게 한 사람이나 그 상황을 만든 사람들에게 한마디 해 볼래?

4 다시 그런 상황 또는 기회가 온다면 어떻게 할래, 견뎌낼 수 있겠어?
(자세히 너의 마음을 한 번 더 들여다보자)

5 혼자서 떨리고 긴장되었을 그때의 어린 나에게 한마디 해 볼래?

메모장 - 그림 그리기

"긴장되고 두려운 순간이 또 다시 닥치지 않길 바라지만 만약에 또 다시 그런 순간이 온다면 숨을 크게 들이쉬고 천천히 내뱉으면서 호흡을 해 봐. 그리고 혀를 위로 동그랗게 말고 문질문질 문질러봐. 침이 고일 거야. 그 따뜻한 침을 꼴깍 삼켜서 그 따스한 기운을 목구멍으로 삼켜봐. 그리고 기도를 해봐. 긴장되고 두려운 마음이 조금은 괜찮아질 거야. 그리고 연습을 많이 하면 긴장감과 두려움을 줄일 수 있어. 긴장된 순간에는 완전히 내가 습득한 것만 튀어나오거든. 완전하게 습득하기까지는 연습 말고는 답이 없단다."

제목 : 긴장과 두려움에 떨고 있던 그때의 나에게

년   월   주 철학하기

#08. 이 세상에서 나를 미워했던 사람은?

1 너를 미워했던 사람이 있는 것 같아?

2 너를 왜 미워했던 것 같아? (항상 '왜냐하면' 이유도 꼭 한 번 써 봐)

3 너를 미워한 사람에게 한마디 해 줄래?

4 너도 누군가를 미워해 본 적 있어?

5 미워하면 안 되는 거야? 미워해도 되는 거야? 어떻게 하는 게 좋을지 자유롭게 네 생각을 써 봐.

메모장 - 그림 그리기

"누군가를 미워하는 순간, 휴지에 검은 잉크가 번지듯 너의 마음이 새까맣게 우울함으로 물들어 버린단다. 미움을 받는 상황도 너무 속상하고 힘들지만 누군가를 미워하는 상황이 더욱 지옥이란다. 그러니까 너는 누군가를 미워하지 말고 용서해줬으면 좋겠어. 아니, 아직 용서하지 못할 것 같으면 용서하지 말고 신경 쓰지 마. 대신에 미워하지 마. 그 사람을 위해서가 아니라 나 자신을 위해서 미워하지 마. 세상의 모든 사람들이 너를 미워해도 너는 너를 미워하면 안 돼. 너를 사랑하고 지켜주다 보면 너를 미워한 사람도 용서하고 사랑해 줄 수 있어. 그리고 너의 잘못은 없었는지 그때 돌아보렴."

제목 : 누군가에게 미움을 받았던 순간에 대하여

년   월   주 철학하기

#09. 다시는 떠올리기도 싫고, 돌아가기도 싫은 순간은?

1 다시는 떠올리기 싫거나 돌아가기 싫은 순간을 생각해 보라고 해서 미안한데... 혹시 마주할 수 있겠어? (아직 마주하기 힘들면 지금 생각하지 않아도 돼. 시간을 좀 더 두고 마주할 수 있을 때까지 기다리자^^)

2 왜, 그토록 다시는 떠올리기 싫은 거야? 너무 무서웠어? 너무 수치스러웠어? 너무 슬펐어?

3 그때 힘들었던 너에게 꼭 해 주고 싶은 말이 뭐야?

4 이렇게라도 다시 떠올린 너 자신에게 칭찬과 격려를 마음껏 해 주면 어때?

5 다음에 비슷한 상황이 생기면 어떻게 하는 게 좋을지 한 번 미리 예측해 보는 건 어때? (힘든 순간들을 너무 무방비 상태로 맞이한 것 같진 않아? 미리 예상해 보고 대비하면 좀 나아지지 않을까? 너의 생각을 자유롭게 써 봐. '만약에 다음에도 이런 힘든 상황이 온다면…')

메모장 - 그림 그리기

"잊고 싶고, 지우고 싶은 기억을 마주 할 수 있는 시간이 왔다는 건, 네가 엄청나게 성숙해졌다는 증거야. 그리고 기억해야 할 것은 사람은 누구나 실수를 할 수 있다는 거야. 잊어버리고 싶고 지우고 싶은 수치스럽고 부끄러운 일은 누구나 하나쯤은 가지고 있어. 그러니까 너무 자책하지 마. 수치스러운 부분이 없는 사람이 오히려 자기반성과 성찰이 안 되는 사람일 수도 있으니까 말이야."

제목 : 잊어버리고 싶은 기억을 마주할 수 있는 때가 오면

　　　　　　　　　　　　　　년　　　월　　　주 철학하기

#10. 다시 떠올려도 좋고, 되돌아가고 싶은 순간은?

1 다시 떠올려도 미소가 지어지고, 되돌아가고 싶은 순간이 언제야?
 (몇 살 때인지, 어떤 일인지 한 번 써 봐)

2 왜 그 순간으로 되돌아가고 싶어? (항상 '왜냐하면' 이유도 꼭 한 번 써 봐)

3 그런 순간이 다시 올 수 있을까? 그 순간을 위해 내가 할 수 있는 건 뭘까?

4 생각만 해도 좋은 일은 생각보다 쉽게 얻을 수 있는 걸까? 아니면 어려운 과정 뒤에 따라오는 걸까?

5 쉽게 얻은 행복과 어렵게 얻은 행복에 차이가 뭘까?

메모장 - 그림 그리기

"너의 인생에서 가장 행복했던 순간을 떠올려봐. 생각만 해도 미소가 번지는 그 기쁨의 순간이 다시 오길, 여러 순간이 떠오르게 되길 기도할게. 행복했던 순간은 인생에 단 한 번만 오지 않을 거야. 주변을 돌아보면 감사한 일들이 얼마나 많은지 몰라. 사소해서 잘 느끼지 못하고 지나칠 수 있지만 감사한 일들이 없진 않거든. 사소한 감사와 행복들을 충분히 느끼면서 살 수 있는 어린왕자 같은 사람이 되면 좋겠어. 정말 소중한 것들은 눈에 보이지 않거든. 오직 마음으로 느껴야 잘 보여."

\# 제목 : 마음의 눈으로 보고 느껴야 보이는 정말 소중한 것들에 대해

년   월   주 철학하기

02 현재로의 시간 여행 10곳

#01. 지금 현재, 나를 가장 사랑해 주는 이는 누구인 것 같아?

1 지금 나를 가장 사랑해 주는 사람의 사랑을 어떨 때 느껴?

2 그 사랑을 받으면 어떤 기분이 들어?

3 상대방이 표현하는 사랑의 방식이 네가 원하는 방식이야?

4 네가 원하는 방식과 다르면 어떻게 해야 할까?

5 나를 가장 사랑해 주는 이에게 나는 어떻게 대하고 싶어?

메모장 - 그림 그리기

"진정한 사랑은 뭘까? 내가 생각하는 좋은 것들을 다 주면 그게 바로 진짜 사랑일까? 아니면 상대방이 원하는 것을 모두 다 해 주면 그게 바로 진짜 사랑일까? 생텍쥐페리가 쓴 철학동화 어린왕자에 보면 여우는 서로 사랑하는 사이는 길들여지는 것이라고 했어. 서로를 위해 같이 보낸 시간과 마음, 신뢰와 존중이 쌓여서 진정한 관계를 맺게 되지. 그 과정에서 좋은 일만 있지 않아. 눈물을 흘릴 일도 있고 고통스러운 상황들도 있을 수 있어. 하지만 그렇게 시간을 함께 보내는 과정에서 사랑이 생기고 서로에 대한 책임감도 생기는 거지."

제목 : 진정한 사랑을 할 준비가 되었니?

년   월   주 철학하기

#02. 지금 현재, 이 세상에서 내가 가장 사랑하는 사람은?

1 지금 내가 가장 사랑하는 사람을 위해서 무엇을 하고 있어?

2 사랑하는 사람을 떠올리면 어떤 기분이 들어?

3 그 사람에게 나의 마음을 표현하기 위해 어떤 노력을 해?

4 사랑하는 사람에게 무언가를 해 주는 게 좋을까? 싫어하는 것을 하지 않는 게 좋을까?

5 그 사람을 사랑한다면 내가 그 사람을 위해 해 줄 수 있는 가장 큰 선물은 뭘까?

메모장 - 그림 그리기

"지금, 네가 사랑하는 사람이 점점 많아졌으면 좋겠어. 사랑하는 사람을 떠올려보라고 했을 때 한 명, 두 명만 떠올리는 사람이 아니라 한 명, 두 명, 세 명, 네 명... 점점 더 많은 사람들의 얼굴을 떠올릴 수 있는 마음이 바다처럼 넓고 큰 사람이 되면 좋겠어. 시간이 지나버리면 사랑을 표현하지 못하고 지나가 버릴 수 있잖아. 자식을 사랑하는 우리 가정의 엄마, 아빠도 좋고, 우리나라를 사랑한 유관순, 윤봉길 의사도 좋아. 또 인류를 사랑한 마더 테레사, 슈바이처도 좋아. 오늘 주어진 현재에 더 많은 사람들을 사랑할 수 있는 사람이 되어 너의 마음속에 흐르는 사랑의 강물이 흘러넘쳐서 바다를 덮으면 좋겠구나"

제목 : 지금, 사랑하는 사람에게 사랑을 표현해본다면

년   월   주 철학하기

#03. 지금 내가 미워하는 사람은?

1 내가 그 사람을 미워하는 걸까? 그 사람이 나를 미워하는 걸까?

2 말하지 않아도 서로가 미워하는 감정을 느낄 수 있을까?

3 어떻게 말하지 않았는데 미워한다고 단정 지을 수 있어?

4 미움의 지옥에서 빠져나올 수 있는 좋은 방법이 있을까?

5 미워하는 사람에게 하고 싶은 말을 실컷 한 번 여기에다 써 볼까?

메모장 - 그림 그리기

"미움은 미워하는 사람의 마음을 지옥으로 만든단다. 또 미움은 전염이 되는 것 같아서 주변도 함께 눈치 보게 하고 지옥으로 만들어버리기도 하지. 상대방이 너를 미워하는 것에 초점을 맞춰서 괴로워하지 말고 내가 다른 사람을 미워하지 않는 마음을 가져서 마음의 천국을 만들어 가는 데에 초점을 맞춰보면 어떨까? 세상의 모든 사람들이 나를 좋아할 수는 없어. 우리는 다 다른 가치관과 성향을 가지고 있잖아. 나를 싫어하는 사람에게 미움받을 용기를 가지고 나 자신을 수용하고 주체적인 삶을 살아가 보자."

제목 : 미움받을 용기를 갖고 주체적인 삶으로 한 발짝 내딛는 나에게

　　　　　　　　　　　　　년　　　월　　　주 철학하기

#04. 내가 지금 느끼는 이 감정과 감각을 믿을 수 있을까?

1 현재 내가 느끼는 감정에 따라 어떤 일을 판단하는 게 옳을까?

2 순간의 감정에 따라 선택을 해서 결과가 좋았던 경험이 있어?

3 순간의 감정에 따라 선택을 해서 결과가 나빴던 경험은 있어?

4 그렇다면 감정과 감각에 따른 선택은 어떤 경우에 하는 것이 좋을까?

5 나만의 감정 조절 방법이 있다면 이야기해 봐줄래?

메모장 - 그림 그리기

"지금 너의 감정을 넌 믿을 수 있어? 현재에 느끼는 기분이 네가 정말로 원하는 선택이라고 확신할 수 있어? 그렇다면 네가 보고, 듣고, 만지고, 향기도 맡고, 맛보는 감각으로 받아들이는 것들은 다 진짜일까? 너의 감각과 감정을 한 발짝 떨어져서 쳐다 볼 수 있는 사람이 되었으면 좋겠어. 버스에서 살짝 넘어졌다고 생각해 봐, 실제로 넘어진 나가 있을 것이고 그 넘어진 나를 보면서 창피해하는 나가 있을 거잖아. 내 자의식이 실제 나를 쳐다보듯이 한 발짝 떨어져서 내 감각과 감정을 들여다보는 연습을 해 보자."

제목 : 감정을 들여다보는 연습에 대해

년   월   주 철학하기

#05. 지금의 나, 오늘의 내가 느끼는 이 순간을 감정으로 표현해본다면?

1 오늘, 지금, 현재에 너의 기분은 어때?

2 왜 그런 기분을 느끼는 것 같은지 이유를 생각해 볼까?

3 그 감정을 그대로 유지하고 싶어? 아니면 바꾸고 싶어?

4 감정을 조절할 수 있는 사람은 어떤 사람일까?

5 '중용'의 덕을 갖추면 좋은 점이 뭘까? (중용이란 지나치거나 모자라지 아니하고 한쪽으로 치우치지도 않는 상태와 정도를 말해. 철학자 아리스토텔레스는 '사치 - 절제 - 인색, 비겁 - 용기 - 무모' 중에서 절제와 용기, 중용의 덕을 갖추면 행복한 삶을 살 수 있다고 했어.)

메모장 - 그림 그리기

"넌 이성적인 사람이야? 감정적인 사람이야? 우리나라에서는 감정적이라는 말이 기분에 따라 잘 치우치고 미성숙한 사람으로 해석하는 경우가 많은 것 같아. 반면 이성적이라는 말은 논리적이고 사리 분별을 잘하고 성숙하다는 뜻으로 해석하는 경우가 많은 것 같아. 그런데 감정과 이성이 잘 분화되어 있고, 조화를 이루는 사람이야말로 진정으로 성숙한 사람이야. 자신의 사고와 정서를 분리하고 균형을 맞추어 조화를 이루면서 삶 속에서 이성적인 면과 감성적인 면을 잘 활용할 수 있는 사람이야말로 성숙한 사람이지."

제목 : 이성과 감정을 적절히 활용하는 조화로운 삶이 되려면

년   월   주 철학하기

#06. 지금 나의 발목을 잡고 있는 나의 욕심은 무엇인가?

1 너는 욕심이 많은 편이야?

2 지금 가지는 욕심이 너를 힘들게 해? 아니면 너를 발전시키는 원동력이 돼?

3 세상에 욕심이 없는 사람이 있을까?

4 사람들이 각자의 이기심 때문에 계속 싸우면 어떻게 하지?

5 '윈윈(win-win)이라는 말 알아? 내가 공부나 학교생활, 친구와의 관계, 부모님과의 관계 등에서 윈윈하려면 어떻게 해야 할까? (윈윈전략은 상호이익, 상생, 시너지 효과 등을 의미하는 용어로 사용되고 있어. 시너지효과란 상승효과라는 말로서 서로 협력하여 더 좋은 성과를 만들어내는 것을 말해)

메모장 - 그림 그리기

"넌 이기적인 사람이야? 이타적인 사람이야? 리처드 도킨스는 이기적 유전자라는 책을 통해서 인간은 자신의 유전자를 전달하려는 목적을 가진 이기적인 생존 기계에 불과하다고 말했어. 놀랐지? 인간을 비롯한 생명체들이 생존하고 자신의 유전자를 전달하기 위해서 이기적으로 살아간다는 거야. 모든 사람이 이기적이라고 생각하면 삶이 너무 각박하고 슬프다는 생각도 들고, 유전자 전달을 위한 생존 기계에 불과하다고 하면 이렇게 사색하고 철학 글쓰기도 할 필요가 없는 것 아닌가 하는 생각도 들지? 하지만 과학은 철학과 함께 상호발전하는 관계야. 진화론적인 측면으로 인간을 더욱 이해하려는 것이지, 우리에게는 얼마든지 이 생물학적 특성을 저항할 수 있는 자유 의지와 철학적 사유를 할 힘이 있단다. 그러니까 이타적인 세계의 많은 위인들이 있는 게 아닐까?"

제목 : 이기적인 세상에서 이타적으로 살아가기란

　　　　　　　　　　　　　　년　　　월　　　주 철학하기

#07. 지금 내가 해야 할 일은?

1 지금 내가 집중하고 몰입해야 하는 일은 뭘까?

2 이 시간이 지나가면 다시 하기 힘든 일일까?

3 지금 현재에 해야 더 효과적인 일이라면 그 이유가 뭘까?

4 지금 내가 해야 할 일이 나를 위한 일이야, 아니면 다른 사람을 위한 일이야?

5 내가 원하는 일을 해야 할까? 타인과 사회를 위한 일을 해야 할까?

메모장 - 그림 그리기

"한 번 지나간 시간은 되돌아오지 않지. 그래서 시간이 소중한 거잖아. 물론 지나간 시간이 역사가 되어 지금의 내가 있고, 지금의 우리나라가 있지만, 그 또한 현재의 시간들이 지나가고 모여서 된 것이지. 그러니까 현재의 지금 이 시간이 소중하다는 사실은 분명하고 현재를 살아가는 나 자신, 현존재는 중요해. 하이데거는 존재와 시간이라는 책을 통해서 지금, 여기에 있는 현실적인 인간 존재인 현존재를 인식하고 주체적인 삶을 살아가라고 했어. 시간은 유한하고 인생은 한 번뿐이잖아, 우리는 지금 이 순간에도 죽음을 향해 나아가고 있기 때문에 자신이 누구인지, 어떤 삶을 원하는지 스스로 묻고 답하면서 살아가야만 하지."

제목 : 소중한 지금 이 순간을 어떻게 살아가야 하는가에 대해

　　　　　　　　　　　년　　　월　　　주 철학하기

#08. 과정이 중요할까, 결과가 중요할까?

1 일하는 과정과 결과 중에 무엇이 더 중요하다고 생각해?

2 그 이유가 뭔지 예시를 들어서 써 볼까?

3 과정이 중요하다고 생각했는데, 결과가 더 중요하다고 느낀 적 있어?

4 반대로 결과가 더 중요할 줄 알았는데, 과정이 더 중요하다고 느낀 적은 있어?

5 너는 현재에 어떤 과정을 거쳐서 어떤 결과물을 내고 싶어?

메모장 - 그림 그리기

"당장 눈앞의 결과만 보고 실망하는 사람이 되지 말고 나의 과정이 올바르고 성실했다면 기대하고 기다리는 내가 되어 보자! 과정과 절차가 옳고 성실했다면 언젠가는 좋은 결과가 나올 수밖에 없으니까 말이야. 반대로 운 좋게 빠른 시간에 좋은 결과가 나왔지만, 과정과 절차를 살펴봤을 때 잘못된 부분들과 부족한 부분들이 있었다면 그에 대한 문제점도 드러나기 마련이야. 그러니까 힘내 보자 우리!"

제목 : 결과와 과정 중 더 중요한 것에 대해

　　　　　　　　　　　　　　년　　　월　　　주 철학하기

#09. 지금 가장 큰 걱정거리는?

1 요즘 가장 큰 고민이 뭐야?

2 걱정한다고 달라질까?

3 예기불안이 뭔지 알아? 예기불안을 없애려면 어떻게 해야 할까? (예기불안이란 아직 벌어지지 않은 일을 부정적으로 생각하는 것을 말해. 미래에 일어나지 않은 일을 미리 걱정하고 불안해하는 마음이지.)

4 너는 불안과 걱정이 있을 때 해결하는 방법이 있어?

5 눈덩이처럼 커진 걱정이 눈 녹듯 사라진 경험이 있으면 좋겠다. 걱정거리가 사라진 경험이 한 번이라도 있다면 이야기해 볼까?

메모장 - 그림 그리기

"걱정하다가 잠 못 이루고, 잠을 설쳐서 피곤하고 힘들었던 경험이 있지? 걱정이 눈덩이처럼 커져서 굴러와 나를 짓누를 때 그 걱정을 사르르 녹여버릴 수 있는 방법을 찾는 것보다 그 걱정의 눈덩이가 나를 짓누르지 못하도록 옆으로 피하는 게 더 중요한 것 같아. 한 마디로 걱정을 하지 않으려고 옆으로 생각을 치워버리는 거지. 다른 좋은 생각을 하고, 사람을 만나고, 다른 일에 집중을 해봐. 사실 네가 지금 하고 있는 걱정의 대부분은 실제로 일어난 일이 아니란다. 네가 걱정하는 일들 100가지 중에 1가지도 일어나지 않을 확률이 커. 그런 일을 사서 걱정하는 걸 예기불안이라고 해. 그러니까 일어나면 그때 해결 방법을 찾아보자. 일어나지도 않은 일에 대한 걱정은 옆으로 치워두고."

제목 : 걱정의 눈덩이는 녹이는 게 아니고 옆으로 피하면 되는 것

년   월   주 철학하기

#10. 열흘 뒤에 지구가 멸망한다면 당장 하고 싶은 일은?

1 열흘 뒤에 지구가 멸망한다면 하고 싶은 버킷리스트 3가지를 써 볼까?

2 버킷리스트 3가지를 고른 이유도 3가지 써 볼까?

3 네가 쓴 버킷리스트는 지금 꼭 하고 싶은 것들이야, 이것을 이루기 위해 네가 할 수 있는 노력은 뭘까?

4 도움을 받아야만 하는 것들은 뭘까?

5 시간이 더 필요한 일들은 어떤 마음 자세로 기다려야 기회가 올 때까지 기다릴 수 있을까?

메모장 - 그림 그리기

"내가 죽기 전에 꼭 한 번 쯤은 해 보고 싶은 것들이 있지? 버킷 리스트란 죽기 전에 해 보고 싶은 것들을 정리한 목록을 말해. Kick the Bucket, 양동이를 차다는 뜻에서 유래했는데 과거에 죄수들이 목을 매고 죽는 교수형벌을 받을 때 양동이 위에 올라가서 목을 걸고 양동이를 발로 차서 죽는 것에서 유래했지. 유래는 너무 무섭지만, 그 안에 담긴 뜻은 죽기 전에 꼭 하고 싶은 일들에 대해 생각해 보게 해 주는 좋은 의미가 있어. 너는 꼭 해 보고 싶은 일들이 뭐가 있어?"

제목 : 나의 버킷리스트에 대해

년   월   주 철학하기

03 미래로의 시간 여행 10곳

#01. 꿈은 꼭 있어야 할까?

1 어릴 때 장래 희망이 뭐였어?

2 지금은 장래 희망이 바뀌었니? 지금의 꿈은 뭐야?

3 꿈을 이루기 위해 어떤 노력을 하고 있어?

4 너의 꿈을 이루지 못하게 하는 가장 큰 장애물은 뭐야?

5 꿈과 목표가 있는 게 좋을까? 미리 꿈을 정해 놓지 않는 게 좋을까?

메모장 - 그림 그리기

"내가 꿈꾸는 대로 다 이루어진다면 얼마나 좋을까? 상상만 해도 미소가 지어지지? 혹시 좋은 꿈을 꾼 날, 괜히 하루 종일 기분이 좋았던 경험이 있어? 오 헨리 작가가 쓴 마지막 잎새에서 주인공 존시가 삶의 희망을 잃고 절망하던 중에 비바람을 견뎌낸 마지막 잎새를 보고 삶의 희망을 되찾게 돼. 심한 비바람을 이겨내고 담벼락에 붙어 있던 마지막 잎새를 보고 삶의 의지를 다시 갖게 되지. 비록 너의 꿈이 아직 이루어지지 않아서 포기하고 싶은 생각이 들더라도 희망을 갖고 계속 꿈을 꾸면서 살면 좋겠어. 내가 응원할게!"

제목 : 나의 꿈에게 응원의 메시지를 보낸다면

년   월   주 철학하기

#02. 내가 꿈꾸는 대로 이루어질까?

1 내가 꿈꾸는 대로 당장 이루어지면 어떨 것 같아?

2 내가 간절히 원한 소원과 꿈이 안 이루어진 적이 있어?

3 꿈이 안 이루어졌다고 생각되었을 때, 그 좌절을 어떻게 견뎠어?

4 꿈이 끝내 이루어질 거라고 생각해?

5 꿈이 끝내 안 이루어지면 어떻게 하지? 내가 욕심을 내려놓으면 당장 이룰 수도 있는 것들이야.

메모장 - 그림 그리기

"꿈꾸는 대로 이루어지지 않을까 봐 겁이 나서 꿈조차 꾸지 않는다면…? 미리 실망할까 봐, 꿈을 포기한다면…? 꿈은 말 그대로 실현 가능성이 아주 적거나 없는 헛된 기대니까 괜히 헛된 꿈은 꾸지 않는 게 현실적인 사람이다…? 아니야. 꿈을 이루는 데까지 걸리는 시간이 문제이지, 자기가 간절히 품은 꿈은 어떤 형태로든, 언젠가는 꼭 이루어진다고 생각해. 사람은 자기가 진정으로 하고 싶은 일이 있다면 어떻게든 이루려고 노력을 하거든. 물론 여러 환경적 요인과 상황으로 좌절할 수도 있고, 꿈을 이루어가는 과정에서 실패를 경험할 수도 있지만 꿈을 포기하지 말고 하나씩 이루어 가보도록 하자!"

제목 : 작은 꿈일지라도 내가 성취한 꿈을 한 가지만 떠올려본다면

년   월   주 철학하기

#03. 피그말리온 효과인 것 아니야? 긍정의 힘!

1 미래를 꿈꾸는 것이 효과가 있을까?

2 미래를 꿈꾸고 희망만 가지는 것의 단점은 무엇이 있을까?

3 현재만 생각하고 미래에 대한 생각을 하지 않으면 어떻게 될까?

4 피그말리온 효과가 있다고 생각해?
(피그말리온 효과란 긍정적인 기대나 관심이 사람에게 좋은 영향을 미치는 효과를 말해. 그리스 로마신화에 나오는 자신이 만든 조각상을 사랑한 피그말리온에 대한 신화에서 유래했어)

5 아직 미래에 일어나지 않은 일을 상상으로 시뮬레이션해 볼까? 만약에 AI 로봇과 함께 학교에 다닌다면 어떻게 될까?

메모장 - 그림 그리기

"학교 폭력 예방, 양성평등, 금연 글짓기 등을 해 본 적 있어? 이런 글짓기를 지도하다 보면 많은 학생들이 글짓기를 힘들어하곤 해. 그 이유는 자기는 친구를 왕따를 시킨 적도, 왕따를 당해 본 적도 없기 때문이라고 하지. 자기가 직접 폭력이나 차별을 당해 보지 않으면 상대방의 심정을 이해할 수 없을까? 어떤 일을 직접 경험하지 않아도 내가 만약 그 상황에 놓이면 어떨지를 상상하고 시뮬레이션해 보는 능력을 기를 수 있어."

제목 : 미래에 내가 꼭 갖고 싶은 능력이 있다면

년   월   주 철학하기

#04. 정말 현재가 미래를 바꿀 수 있어?

1 과거의 총합이 현재이고, 현재가 모여서 미래가 될까? 아니면 별개일까?

2 너의 미래가 어땠으면 좋겠어? 네가 꿈꾸는 미래를 말해 볼래?

3 미래사회는 어떻게 바뀔 것 같아? 어떤 직업이 새로 생길 것 같아?

4 미래를 대비하기 위해 하고 있는 현재의 노력이 있어?

5 미래에 사라질 직업들은 무엇이고, 새로 생길 직업들은 무엇일까? 이유도 생각해 봐.

메모장 - 그림 그리기

"직업은 직업일 뿐이고, 일과 삶을 구분 지으라는 말을 많이 하곤 해. 물론 경계를 잘 나누어서 일할 때는 열심히 하고, 여가 생활을 즐기고 삶의 균형을 맞추는 워라벨(Work, Life, Balance)을 추구할 필요도 있지. 그런데 선생님처럼 자기가 좋아하는 철학을 가르치는 일을 직업으로 삼아서 자아실현을 이루는 사람도 있잖아? 자기가 좋아하는 일을 하면서 돈도 벌고, 사회에 공헌도 할 수 있어. 미래사회에 없어질 직업, 인기 있을 직업을 생각하기 이전에 내가 가장 좋아하고 잘할 수 있는 일로 자아실현을 꿈꿔 보는 건 어떨까?"

제목 : 20년 후에 나는 어떤 직업을 가지고 있을지에 대해

년   월   주 철학하기

#05. 정말 사람은 안 바뀔까?

1 사람은 타고난 성향과 습관이 안 바뀔까?

2 바뀌기 위해서는 어떤 노력을 해야 할까?

3 너의 미래를 위해서 현재를 변화시키기 위해 한 노력은 뭐가 있어?

4 변화와 성취를 이룬 후에 너의 기분은 어땠어?

5 네가 바꾸고 싶은 사람이 있어? 그 사람의 바꾸고 싶은 점을 마음껏 써봐. 시간이 지나서 혹시 바뀔 수도 있잖아.

메모장 - 그림 그리기

"2025년에는 로봇이 청소를 대신해 주고, 우주로 여행을 갈 것 같다고 1995년, 선생님이 5학년 때에 과학 상상 글짓기를 한 적이 있어. 그 당시에는 엄청난 상상을 해서 쓴 글짓기였지. 그런데 20년이 지난 지금, 놀랍게도 현실이 되어 버렸어. 내 상상처럼 휴머노이드 로봇이 청소해 주고 있지는 않지만, AI 기능이 탑재된 로봇 청소기가 청소를 해 주고 대중화되지는 않았지만 우주로 여행을 가는 사람들이 생겼지. 그러니까 이렇게 미래의 모습을 미리 상상해 보면서 대비해 보는 것도 괜찮지 않아?"

제목 : 변화와 적응을 준비하는 나에게 위로의 한마디를 한다면

년   월   주 철학하기

#06. 내가 세상을 바꿀 수 있을까?

1 세상에 어떤 면을 변화시키고 싶어?

2 네가 세상을 변화시킬 수 있을까?

3 나를 먼저 바꿔야 할까? 세상을 바꿔야 할까?

4 죄와 벌에서 라스콜리니코프는 세상을 변화시키기 위해 어떤 방법을 선택했을까?

5 세상을 변화시키기 위해 필요한 것이 무엇일까?

메모장 - 그림 그리기

"선생님의 닉네임 기억나니? 하크라테스지? 선생님한테는 아들이 한 명 있어. 우리 아들의 이름은 박태양인데, 아들의 닉네임이 뭔지 알아? 바로 박칸트야. 칸트는 선생님이 아들을 임신했을 때 태명으로 지어준 이름이야. 선생님과 선생님 남편이 철학자 칸트를 너무 좋아해서 말이야. 칸트는 독일의 철학자이고 도덕 윤리의 아버지라는 별명도 있지. 칸트의 사상 중에서 인간을 수단이 아닌 목적으로 대하라는 말에 큰 감명을 받았어. 너희들도 인간을 수단으로 이용하지 않고 목적, 그 자체로서 대하고 존중하는 사람이 되면 좋겠어."

제목 : 나는 나에 대해 얼마나 많이 알고 있는지를 %로 표시해 본다면

　　　　　　　　　　　　　　년　　　월　　　주 철학하기

#07. 사람은 현재만 사는데 미래를 생각해 볼 필요가 있을까?

1 미래를 생각했을 때 순기능은 뭘까?

2 미래를 생각해 보는 시간을 갖는 것의 역기능은 뭘까?

3 현재에만 집중하는 게 안 되어서 미래를 생각하는 것일까?

4 미래를 내다보고 대비하는 선구안을 가진 사람들은 누가 있을까?

5 미래는 바꾸어 나가는 것일까? 내가 변화에 적응해 나가야 하는 것일까?
　(둘 다일 수도 있어.)

메모장 - 그림 그리기

"곤충박사로 유명한 최재천 교수님 알아? 한국의 곤충박사로 유명하시고 최재천의 '공부'라는 책도 쓰셨지. 최재천 교수님은 동물행동학이라는 자연과학을 전공하셨지만, 인문, 사회과학에도 관심이 많으셔서 공부를 열심히 하셨어. 그래서 학문을 융합하고 넘나들면서 공부하는 통섭형 인재가 되라고 강조하셔. 통섭은 사전적 의미로 큰 줄기 통, 잡다 섭으로 서로 다른 것들을 한데 묶어서 새로운 것을 잡는다는 뜻으로 지식을 대통합하여 복잡하고 다양한 현대 사회의 문제를 지혜롭게 해결하는 통찰력을 기를 수 있게 해 준단다."

\# 제목 : 통섭형 인재가 될 준비를 하는 나에게

　　　　　　　　　　　년　　　월　　　주 철학하기

#08. 내가 미래에 꿈꾸는 최고의 순간은?

1 내가 꿈꾸는 미래의 순간을 구체적으로 써 볼까?

2 나는 어디서, 무엇을 하고 있는 사람이 되었는지 육하원칙에 맞춰 써 볼까?

3 그 최고의 순간에 섰을 때의 기분이 어떨지 상상해볼까?

4 그 최고의 순간이 지나고 나서의 기분이 어떨까?

5 최고의 순간이 지나가고 나면, 그때 나는 어떻게 해야 할까?

(난 갑자기 노인과 바다의 산티아고 노인이 생각나네? 또다시 큰 물고기를 잡기 위해 새로운 꿈을 꾸는 산티아고 노인 말이야.)

메모장 - 그림 그리기

"연말이 되면 TV에 많은 시상식이 열리지? 상을 수상한 배우, 감독들이 원하던 상을 받고 나서 꿈을 이루기까지의 힘든 과정과 그 과정에서 감사했던 사람들의 이름을 부르면서 소감을 이야기하는 장면들을 본 적 있지? 나도 내 꿈을 이루게 될 미래의 그 날이 꼭 올 거야. 너희가 꿈의 씨앗을 마음에 심어 놓고 노력의 물을 주고, 인내의 햇볕을 쬐어 주면서 꿈을 씨앗이 꽃 피울 때까지 잘 키운다면 말이야. 그럼 너희들을 생각지도 못한 아름다운 꽃이 피는 그날이 올 거야. 그날에 나는 누구에게 감사 인사를 하고 소감을 이야기할지 상상해봐."

제목 : 꿈을 이룬 미래의 내가 어떤 시상식에서 소감을 말한다면

년   월   주 철학하기

#09. 내가 미래에 꼭 피하고 싶은 순간은?

1 내가 미래에 피하고 싶은 일과 순간들을 상상해 볼까?

2 내 노력으로 피할 수 있는 일일까?

3 노력으로 피할 수 있는 일들은 어떻게 해야 피할 수 있을까?

4 노력으로 피할 수 없는 일들은 어떻게 해야 할까?

5 미래에 피하고 싶은 순간을 위해 지금, 현재에 나는 무엇을 해야 할까?

메모장 - 그림 그리기

"나는 가끔 최악의 순간들을 상상해 보기도 해. 최고의 순간들과 좋은 상황만 생각하고 살아도 모자란 시간에 왜 기운 빠지게 최악의 순간들을 상상해 보라고 하는지 궁금하지? 최고의 시나리오도 상상해 보고, 최악의 시나리오도 상상해 보면서 어떤 상황이 닥치더라도 당황하거나 두려워하지 않고 침착하고 의연하게 해결해 나가는 연습을 미리 해 보려는 거야. 여러 가지 경우의 수를 생각해 보면서 침착하게 문제 상황을 풀어나가고 대처해 나가는 것이 중요해. 아무 문제와 갈등이 안 생기는 삶은 없고, 사람들이 살아가면서 겪는 문제들은 다양하고 복잡하지만 또 비슷하기도 하거든. 그래서 그 문제들을 미리 예측하고 대비하는 유비무환, 미리 준비하면 어려움을 극복할 수 있다는 자세가 필요해."

제목 : 내가 피하고 싶은 최악의 순간들에 대해

　　　　　　　　　　　　　　　년　　　월　　　주 철학하기

#10. 고민하면 미래가 바뀔까? 철학이 세상을 바꿀 수 있을까?

1 고민과 사색을 많이 하는 것은 좋은 습관일까?

2 나의 고민과 사색, 이렇게 철학하는 것이 세상을 바꿀 수 있을까?

3 고민과 사색, 철학하는 활동의 한계는 무엇일까?

4 세상을 꼭 바꾸어야 할까?

5 어떻게 하면 세상을 좀 더 아름답고 살기 좋은 세상으로 바꿀 수 있을까?

메모장 - 그림 그리기

"데카르트라는 철학자 알아? 프랑스의 철학자였던 데카르트는 '나는 생각한다, 고로 나는 존재한다'라고 했어. '나'라는 존재는 의심을 하고, 생각하기 때문에 존재한다고 할 수 있다는 거야. 이것이 더 이상 의심할 수 없는 진리라고 했어. 너희들이 암기 위주의 공부를 열심히 해서 지식을 축적하는 것도 중요하지만 무엇보다도 사유를 깊게 하고 좋은 선택을 해서 문제 해결을 잘하면서 살아갔으면 좋겠어. 그러려면 책을 많이 읽고, 글을 많이 쓰고, 사유를 깊이 해야겠지? 많이 상상하고, 많이 느껴 보고, 비판하면서 통찰력을 기르고 철학하는 아름다운 삶을 살길 바라!"

제목 : 다시 일어나 새로운 꿈을 꾸고 시작할 나에게

년   월   주 철학하기

Chapter 5 철학 여행 기행문

01 철학 여행을 마치며

#01. 철학 여행을 마친 기행문을 한 번 써 볼까?

　여러분! '나'를 찾아 떠난 철학 여행 어떠셨나요? 나의 상처를 직면하는 과정에서는 힘든 여정도 있었고, 행복했던 기억을 떠올릴 때는 나도 모르게 미소가 지어진 적도 있었죠? 여행하다 보면 힘들 때도 있고, 행복할 때도 있고, 뿌듯할 때도 있어요. '나'를 찾아 떠나는 철학 여행도 마찬가지예요. 수많은 대화를 자기 자신과 나누다 보면 나의 부족하고 못난 모습을 들여다보면서 보기 싫거나 피해버리고 싶은 순간도 있고, 새로운 나의 모습을 발견하게 되면 즐겁고 현재의 삶에 몰입할 수 있는 힘을 얻을 수 있게 되기도 해요. 이렇게 철학 여행은 '나'에게 집중하고 자기를 더욱 알아가는 것입니다. 이런 시간을 가지다 보면 현재를 즐기고 미래를 준비할 수 있는 희망도 생겨요. 철학 여행에 희망을 갖고 도전을 한 여러분은 이제 행복한 사람입니다. '나는 무엇을 좋아하는 사람인가? 내가 싫어하는 것은 무엇인가? 나는 지금 행복한 상태인가? 내가 원하는 삶은 무엇인가? 나는 어떻게 살아갈 것인가? 나의 꿈은 무엇인가? 나는 이 세상에서 어떤 존재가 되어야 할 것인가?'의 물음에 대한 답을 찾아가게 되죠. 철학 여행을 하면서 보고, 듣고, 느끼고, 겪은 생각이나 느낌을 한 번 적어 봐요. 그게 바로 철학 여행의 마지막을 장식할 철학 여행 기행문이 될 거예요. 일기 쓰는 것처럼 자유롭게 쓰면 된답니다.

　그리고 '나'에 대해서 30주 동안 깊이 사유했으니 이제 '나'에 대한 자서전을 쓸 수도 있겠죠? 내가 만약 '나'에 대한 책을 쓴다면 어떤 책을 쓰고 싶은지 제목도 정해 보고 저자 이름도 써 보고 책 표지도 디자인해 보도록 해요!

#02. 새롭게 발견한 '나'에 대한 책을 쓴다면 어떤 책 표지를 만들까?

제목

지은이

창연출판사

하크라테스와 떠나는 철학 여행!
상위 1% 철학 글쓰기 가이드북

2025년 2월 28일 초판 1쇄 발행

지 은 이 | 하양욱
펴 낸 이 | 이소정
펴 낸 곳 | 창연출판사
주   소 | 경남 창원시 의창구 읍성로 36
출판등록 | 2013년 11월 26일 제2013-000029호
전   화 | (055) 296-2030
팩   스 | (055) 246-2030
E - mail | 7calltaxi@hanmail.net

값 13,000원
ISBN 979-11-91751-73-4   73190

ⓒ 하양욱, 2025

* 이 책의 판권은 저자와 창연출판사에 있습니다.
* 양측의 서면 동의 없이 무단 전재나 복제를 금합니다.